Lavoir
Mas de Jarlan
(Vidaillac)

Le livre en papier : 25 000 points de vente inaccessibles aux auteurs indépendants. Un système à soutenir ?

La librairie en France vue par un écrivain indépendant

Thomas de Terneuve

Le livre en papier : 25 000 points de vente inaccessibles aux auteurs indépendants. Un système à soutenir ?

La librairie en France vue par un écrivain indépendant

http://www.ecrivain.li

Jean-Luc Petit éditeur – Collection Précisions

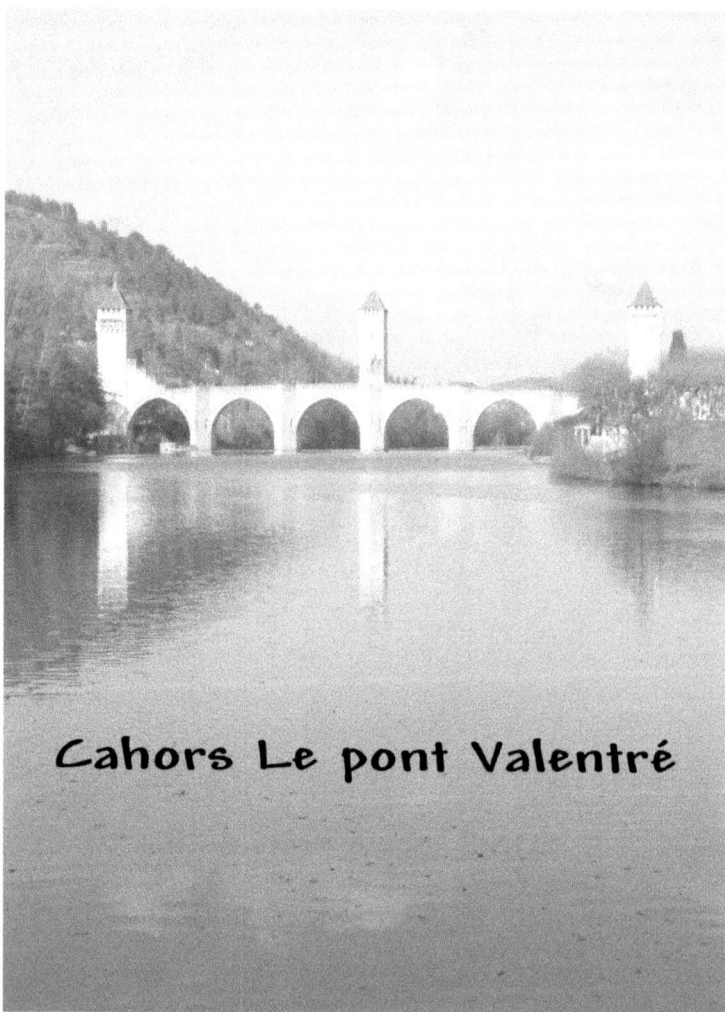

Cahors Le pont Valentré

Thomas de Terneuve

Le livre en papier : 25 000 points de vente inaccessibles aux auteurs indépendants. Un système à soutenir ?

Comme une vieille maison en pierre du Quercy, la librairie française appelle à l'aide !
Va-t-on laisser s'effondrer ce mur culturel ?
Faut-il classer les librairies dans notre patrimoine national, les sauver ?
Mais finalement : la librairie traditionnelle est-elle utile aux écrivains, lectrices et lecteurs ?
Oh oui, répondent celles et ceux qui vivent confortablement de ce système !
25 000 structures et pourtant rares sont les bouquins à atteindre les 20 000 exemplaires vendus !
Quels livres parviennent vraiment dans ces espaces ?
Suffit-il d'en contrôler l'accès pour orienter l'acte libre d'achat des lectrices et lecteurs ?

Vous n'aviez jamais réalisé que vous ne voyez pas certains livres chez votre libraire ? Et comme en même temps les médias n'en parlent pas, vous ne lui reprochez pas ! Des livres invisibles ! D'ailleurs les best-sellers dont télévisions, grands quotidiens et mensuels vous abreuvent de superlatifs, figurent sur les tables, dans les rayons de ces nobles lieux littéraires...

Enquête iconoclaste (sûrement peu visible), dans la collection précisions... Un livre court mais précis, avec la volonté d'ouvrir un débat.

Thomas de Terneuve
http://www.ecrivain.li

La collection "précisions"

Des livres m'ont persuadé de lancer une collection "précisions" : quand une partie pourrait constituer un "mini ebook", idée sûrement née de la certitude que ce sujet peu traité ailleurs doit générer des recherches ou nécessiterait une information facilement disponible. Publier, c'est aussi rendre visibles des points essentiels que les installés préfèrent ne pas porter à la connaissance du grand public. Il s'agit de domaines pour lesquelles la production d'un livre papier ne saurait être envisagée, tant le lectorat potentiel semble mince. De plus, la faible pagination exige un prix bas.

Naturellement, des opportunistes n'hésitent pas à essayer de faire du fric avec des documents de quelques milliers de signes, parfois même en compulsant des informations "libres de droits", vendus à un prix exorbitant. Les rapaces se jettent aussi sur ce nouvel univers impitoyable du contenu pour liseuses et tablettes !

Un sujet précis, une étude rigoureuse, dont une partie fut déjà publiée chez le même éditeur (si l'idée de départ consistait à extraire des données des précédentes publications, l'expérience montre que chaque bouquin répond à sa propre logique, nécessite un approfondissement, l'ajout de pages inédites), et un tarif symbolique : 99 centimes d'euro. Dix titres sont ainsi programmés pour 2012, un éclairage de l'édition française. Signés Thomas de Terneuve, le nouveau pseudonyme d'un écrivain engagé dans la révolution numérique depuis quelques années...

Un site est "naturellement" né avec cette collection, portail des ebooks francophones à 99 centimes : http://www.99cents.fr

2014 : proposer ce livre en papier est devenu possible.

Depuis octobre 2013, la réception d'un « identifiant fiscal aux États-Unis », mon catalogue papier tend à rattraper celui en pixels.

En même temps, les livres à 99 centimes sont boudés en France, associés à de la mauvaise qualité... Ainsi ce livre numérique s'est peu vendu à ce prix cadeau. Donc, après révision et mise à disposition en papier, augmentation !

Disons qu'il s'est agi d'une offre promotionnelle en numérique ! Naturellement, le prix de vente restera décent...

Slogans modernes... (ou passéistes ?)

Les éditeurs (traditionnels), il faut les
soutenir !
Les libraires, il faut les soutenir !
Et lutter contre Amazon.
Et lutter contre l'auto-édition.
Plus de subventions aux éditeurs !
Plus de subventions aux libraires !

Imaginez monsieur Antoine Gallimard, derrière la première banderole du cortège (de Matignon à l'Elysée ?). Pour celles et ceux qui n'ont pas encore souri à cette hypothèse : ce grand patron d'une noble entreprise d'édition figure au palmarès des 500 plus grandes fortunes du pays. L'édition, ça rapporte... aux éditeurs. Aux écrivains ? Naturellement, il existe des écrivains millionnaires.

25 000 points de vente

Les différents observateurs (état, syndicats...) s'accordent sur le chiffre d'environ 25 000 points de vente physique.

Le 27 septembre 2012, le SLF, syndicat de la librairie française, dans un communiqué *"Les libraires français soutiennent leurs confrères québécois pour l'instauration du prix unique du livre"* notait le laïus devenu classique :
« En évitant une bataille déséquilibrée sur les prix entre les différents circuits de vente du livre, le prix unique a permis au réseau des librairies françaises de se maintenir et de se moderniser. Sur environ 25 000 points de vente du livre, on dénombre 3 000 librairies «professionnelles». Le réseau des librairies représente aujourd'hui plus de 40 % de la vente au détail et beaucoup plus dans certains secteurs, comme les sciences humaines ou les nouveautés littéraires. Ce réseau de librairies a porté et continue de porter l'essentiel de la création littéraire française ou en traduction et des livres de référence que les éditeurs peuvent ainsi maintenir durant de longues années dans leur catalogue. La vitalité et le renouvellement de l'édition de création sont étroitement liés au maintien de ce réseau de librairies. »
.

Le livre en papier : 25 000 points de vente inaccessibles aux auteurs indépendants. Analyse de la distribution.

Point crucial pour vendre des livres : qu'ils soient disponibles là où lectrices et lecteurs achètent. **Les derniers chiffres connus sur les lieux d'achat du livre concernent 2010** *(hors livres scolaires et encyclopédies en fascicules)* :

- Librairies *(tous réseaux confondus)* : 23,4%
- Grandes surfaces culturelles spécialisées 22,3%
- Grandes surfaces non spécialisées *(dont hyper)* 19,1%
- Ventes par internet 13,1%
- VPC et clubs *(hors internet)* 13,2%
- Courtage 0,1%
- Soldeurs / occasion 1,5%
- Autres *(comités d'entreprise, kiosques, gares, salons,...)* 7,2%

Pour les librairies, ces données officielles présentent une répartition (http://www.dgmic.culture.gouv.fr/IMG/pdf/Chiffres-cles_2010-2011.pdf) :
- *librairies (grandes librairies et librairies spécialisées) 17,6%*
- *grands magasins 0,3%*
- *maisons de la presse, librairies-papeteries 5,5%*

Les ventes "en clubs" sont réservées aux best-sellers de l'édition classique... et naturellement, les internautes achètent principalement ce dont ils entendent parler, comptons peu sur leur légendaire soif d'inédits...

Comment être disponible en librairies et grandes surfaces ? Via un secteur peu connu et pourtant central de la chaîne du livre : la distribution.

Pour alimenter 25 000 points de vente, rien que la logistique et les frais de transport nécessitent une mise de départ dont ne dispose naturellement pas l'auteur-éditeur.
Se limiter aux grandes enseignes, qui fonctionnent avec une centrale d'achats, permettrait une percée significative mais ces centrales d'achats répondent à l'auteur-éditeur de passer par un distributeur référencé... Cercle vicieux où seuls les installés peuvent commercer...

Qui sont ces installés ?

« *Alors que dans les autres pays comparables l'éditeur et le distributeur sont deux acteurs bien distincts, les principales maisons d'édition françaises ont développé leur propre circuit de distribution, à l'exemple de la Sodis appartenant à Gallimard ou de Volumen dans le cas du groupe La Martinière. En contrôlant le processus de distribution, les éditeurs français se sont donnés les moyens de dégager des marges plus importantes qu'avec leur seule activité éditoriale.*

L'intégration de la distribution reste aujourd'hui encore l'une des principales sources de la bonne santé économique des éditeurs français (...)

Avec la transmission directe d'un texte depuis une plate-forme de téléchargement vers une tablette ou une liseuse, l'impression et la distribution du livre ne sont plus nécessaires. Or c'est cette dernière étape de la chaîne du livre qui est aujourd'hui la source majeure de rémunération pour l'éditeur. »

Note d'analyse officielle gouvernementale, mars 2012

http://www.strategie.gouv.fr/system/files/2012-03-19-livrenumerique-auteurs-editeurs-na270_0.pdf

Une source majeure de rémunération absente du bénéfice de l'éditeur présenté à l'auteur pour justifier ses faibles droits...

Peut-on s'étonner des exemples ? Exit les deux premiers distributeurs, ceux des groupes Hachette et Editis, les leaders de l'édition. Mais naturellement, dans une note officielle, la mise en valeur de Gallimard et La Martinière doit sembler préférable (leur présence dans le club des grandes fortunes de France reste peu connue).

Dans l'économie de livre, l'important n'est pas de publier les meilleures œuvres mais de donner envie d'acheter des livres du groupe aux clients, où ils passent habituellement. Ainsi la grande surface fut, jusqu'à une période récente, considérée comme l'espace idéal pour le livre vu à la télé.

« *En contrôlant le processus de distribution, les éditeurs français se sont donnés les moyens de dégager des marges plus importantes qu'avec leur seule activité éditoriale.* » Conséquences indirectes ou motivations conscientes : ce contrôle permet à ces groupes d'empêcher un véritable développement des indépendants (il suffit de demander une mise de départ impossible pour interdire le marché ou un fixe plus une marge à la limite du supportable pour laisser survivre au bord de l'asphyxie) et de maintenir les écrivains dans leurs écuries.

5 distributeurs se partagent plus de 90% du marché : Hachette Distribution, Interforum (Editis), Sodis (Gallimard), Volumen (Seuil-La Martinière), Union Distribution (Flammarion).

En rachetant Flammarion, Gallimard est devenu un poids lourd de l'édition française, le troisième groupe. Il a aussi acquis un distributeur et le rapprochement Sodis - UD semblerait logique.

Le pouvoir de négociation des fournisseurs extérieurs, les petits éditeurs, est quasi nul face à ces mastodontes.

Sujet presque tabou. J'ai néanmoins déniché une analyse : « *la totalité du chiffre d'affaires de l'édition transite par les distributeurs, qui prélèvent leur dîme à l'aller comme au retour. Le montant de la dîme ? Il est mieux gardé que la clé des codes de la bombe atomique.* »
Les éclairages de Challenges, juin 2004 - N° 226
La guerre des livres se déplace sur le terrain de la distribution

Jean-Claude Utard, dans le résumé de son cours sur l'édition française à l'Université Paris Ouest Nanterre La Défense, note :
« *Un éditeur petit ou moyen est donc contraint de déléguer ce travail* [distribution et diffusion] *et se retrouve dans une situation où il n'est pas complètement libre de choisir : c'est le distributeur et le diffuseur qui, en fonction des rythmes de parution, des chiffres et du volume des ventes de cet éditeur et de sa complémentarité avec les autres éditeurs de son catalogue, en définitive acceptent de le prendre en compte. Une caution est en général exigée alors par le distributeur et la rémunération du distributeur et du diffuseur consistera en un pourcentage sur les ventes (10 % en moyenne pour la distribution), souvent assorti de la condition d'un chiffre*

d'affaire minimum (et donc d'une rémunération minimum pour le distributeur et le diffuseur). »

Payer et être noyé dans la masse du grand distributeur, où même de gros éditeurs "indépendants" osent parfois se demander s'il ne privilégie par le catalogue de sa maison mère. Quelle idée !

Comme l'écrivit Michel Champendal « *il n'existe de nos jours aucune perspective de ventes de livres pour un petit éditeur parisien...* » Il avait essayé, créé une maison d'édition à son nom, en dépôt de bilan début 2009, quelques semaines avant son suicide. C'est un article de Bruno Abescat dans l'Express en ligne "*L'édition française doute de son avenir*", publié le 22 mars 2010, qui me l'apprit. « *Il n'existe de nos jours aucune perspective de ventes de livres pour un petit éditeur parisien...* » serait son dernier message.

Avant le numérique, c'était simple : un livre sans distribution est un livre invisible, invisible également pour les médias. Donc il suffit de tenir la distribution pour tenir les écrivains.

Sans distribution, sans diffusion... La diffusion diffère de la distribution même si elles furent (sont) souvent confondues, même si elles sont interdépendantes. Le diffuseur réalise la promotion des livres auprès des points de vente, il s'agit donc d'*une armée* de représentants, *exclusifs* ou *multicartes*. Le distributeur gère les tâches matérielles, le stockage et la circulation des livres (allers vers les points de ventes et souvent retours invendus), les flux financiers.

Certes, le système n'est pas parfait, même le Syndicat National de l'Edition le reconnaît :

« L'augmentation de la production éditoriale depuis 10 ans se traduit par :
- Une rotation plus élevée sur les tables avec une espérance de vie de trois mois au maximum, en cas de vente faible ou moyenne (une nouveauté chasse l'autre) ;
- Des taux de retours élevés (23,1 % en 2010, 24,4 % en 2011), ce qui pénalise l'ensemble de la chaîne du livre ;
- Et en amont, des tirages moyens en baisse (de 10 000 exemplaires en 1990 à un peu moins de 7 630 en 2011) d'où une plus grande vigilance en ce qui concerne les mises en place. »
http://www.sne.fr/editeurs/vendre-un-livre/poids-et-evolution-des-circuits-de-vente.html

Le pilon, c'est la destruction des livres invendus.
Témoins de l'échec de la gestion des éditeurs

du SNE, la centaine de millions de livres qui finissent au pilon, chaque année. Oui, ils sont détruits.

Je vous conseille la lecture du court livre *"Le pilon, ce que nous en savons - Des millions de livres détruits sur ordre des éditeurs"* de Thomas de Terneuve. Il réunit les données disponibles sur ce quasi tabou de l'édition française.

Dans les économies liées au passage à l'édition numérique, *bizarrement*, les éditeurs préfèrent ne pas aborder le dossier pilon. Certes, parler des invendus, ça ne se fait pas ! Quand environ un cinquième d'une production doit être détruit, tout organisme devrait chercher des solutions et pourtant « *le pilon, ce n'est ni négatif ni scandaleux. C'est au contraire un régulateur nécessaire du secteur* », selon le Syndicat National de l'Edition. Qui déplore néanmoins les taux de retours élevés.

Histoire d'une grande et belle tentative pour "une autre distribution" des petits éditeurs...

Malgré le « tous ensemble » de la grande famille de l'édition, utilisé contre « l'ogre Amazon », les petits éditeurs essayent de survivre, de se distribuer comme ils le peuvent...
Pourquoi ne passent-ils pas par Hachette Distribution, Interforum, Sodis, Volumen ou Union Distribution ? Une telle diversité devrait aboutir à une concurrence pour obtenir des contrats de distributions ? (Non, ils préfèrent reprendre les auteurs découverts par ces éditeurs de terrains, quand ils réussissent à se faire un nom ?)
Bref, ils n'y passent pas ! Ah les parents pauvres des grandes familles !

En ce temps-là, le Syndicat de la librairie française écrivait « *L'origine des réflexions sur un nouveau mode de distribution des petits éditeurs provient des faillites successives de distributeurs spécialisés dont les conséquences ont été très douloureuses pour de nombreux éditeurs et pour les libraires. Professionnels et pouvoirs publics partageaient la volonté de trouver un nouveau modèle économique pour ce type de distribution qui facilite l'accès de cette production auprès des libraires et du public.* »

21

Entre les lignes, pouvons-nous en conclure à la compréhension par le Syndicat de la librairie française du système fermé de la distribution made in France ? Quelques mastodontes satisfaits de leur partage du marché ?

Qui croit ces grands groupes quand ils prétendent défendre la culture ?

Auraient-ils installé un système verrouillé leur assurant un pont d'or ? Après ces commentaires destinés aux naïfs disposés à prendre les discours officiels pour la vérité, retour à l'initiative.

Calibre, société de caractère interprofessionnel sans objectif lucratif, avec pour actionnaires le SNE et le SLF, fut créée en janvier 2007 pour assurer la distribution des petits éditeurs.

Les prestations de Calibre étaient financées par une commission payée par les éditeurs.

Son taux était fixé à 14 % dont 3 % pris en charge, durant la phase de lancement, par les libraires, soit un coût réel de 11 % pour les éditeurs.

Après atteinte de l'équilibre financier, ses résultats devaient même servir à baisser la commission de distribution et à améliorer son service.

Son financement fut d'abord assuré par les

actionnaires et une subvention du Cercle de la Librairie... Une vraie distribution... Avec même noté « *les recouvrements et risques d'impayés sont à la charge de Calibre qui gère les comptes des éditeurs.* »

En mai 2011 : mise en liquidation amiable de la structure. 120 éditeurs y avaient cru... J'y aurais participé si mon statut d'auteur-éditeur avait été accepté... (la base Electre, la référence des libraires, refusant les livres auto-édités, les professionnels qui me cherchent ne m'y trouvent naturellement pas) Quelles furent leurs pertes ? À côté des mastodontes de la distribution, sauf à réussir un coup comme l'engouement pour Stéphane Hessel, l'éditeur indépendant doit surtout compter sur sa débrouillardise pour tenir. Si en plus les auteurs lui réclament des droits élevés, peut-il survivre ?

Mais l'éditeur traditionnel, même indépendant, peut glaner quelques subventions. Ses auteurs accepteront même qu'il verse des droits dérisoires quand il les aura informés de ses grandes difficultés. Tellement d'auteurs sont prêts à être publiés contre presque rien, rien que l'honneur d'être publié !
Tandis que l'auteur-éditeur (profession libérale) doit vivre de ses ventes. Il s'entend même parfois répondre qu'il a choisi d'être indépendant donc qu'il doit assumer ! Un pays

qui arrose les géants, accorde quelques miettes aux nains et marche sur les indépendants. Naturellement, les élus de cette drôle de contrée n'hésiteront pas à prétendre pratiquer une politique juste, équitable...

Le site calibre.fr fut même abandonné (et récupéré en novembre 2012 par un intervenant allemand ; j'avais surveillé sa remise sur le marché mais en vain...)

Pourquoi cet échec ? Bien peu de réactions. Nul ne souhaite vraiment exposer les raisons ? Simplement aucune place pour une "autre distribution", une distribution non inféodée à l'oligarchie ?

L'agence régionale du livre de la région Provence Alpes Côte d'Azur me semble avoir livré le meilleur résumé, un article en ligne (livre-paca.org) sûrement extrait de son numéro 29 de "Dazibao" (Été 2011)

« Après quatre ans d'activité, Calibre vient de déposer le bilan. Présentée pour la première fois au Salon du Livre de Paris en mars 2006, Calibre était une solution développée pour répondre aux besoins de distribution des petits éditeurs en création ou en voie de développement. Fruit d'un travail collectif de plusieurs mois entre le SNE, le SLF, le ministère de la Culture et de la Communication et Dilicom, la société Calibre

SAS avait été officiellement créée en janvier 2007. Attendue par l'interprofession, Calibre pensait convaincre au minimum 250 éditeurs, mais son incapacité à stocker les livres, le fait que chaque éditeur où qu'il se trouve en France prenne à sa charge le transport vers la plateforme parisienne, des délais de livraison trop longs, ont remis en cause la pertinence de l'outil. Dépourvus de diffusion efficace dans le réseau des librairies, les éditeurs quant à eux n'ont pas pu générer les flux suffisants qui auraient permis à une antenne de distribution seule de fonctionner, et ce quelque soit son niveau de subventionnement. Cette fermeture témoigne une nouvelle fois des écarts existants entre petites et grandes structures d'édition. Au regard de la baisse d'activité de la librairie et de l'édition au premier trimestre, il apparaît plus que nécessaire de continuer à réfléchir à la conception d'outils de diffusion et/ou de distribution mutualisée, tant à un niveau national que régional.

Calibre distribuait 135 éditeurs et travaillait avec près de 2 500 librairies.»

Il n'y a pas de place pour la petite édition dans ce pays !... Dans les librairies tenues par "les mastodontes de la distribution."

25 000 points de ventes inaccessibles aux auteurs indépendants : en tirer les bonnes conclusions

Les libraires n'ont pas voulu de nous, qu'ils se rassurent, nous n'avons plus besoin d'eux, aurait résumé Coluche en 2012 ? Ou il aurait attendu 2015 ?

Le réseau traditionnel du livre papier nous est inaccessible : favorisons sa disparition !

Depuis des années, je déconseille de fréquenter les librairies. Je n'y entre d'ailleurs plus. Ce qui plaît rarement à mes proches : ils ont assimilé la leçon officielle : il convient de soutenir les libraires. Non ! Le réseau traditionnel du livre papier nous est inaccessible, alors favorisons sa disparition, également par nos achats, en privilégiant internet. Oui, même pour le livre papier.

Il en serait autrement si les libraires participaient à la révolution numérique et s'impliquaient auprès des écrivains indépendants.
Mais après des décennies de mépris, nous n'avons plus de temps à perdre, ne devons surtout pas céder à la tentative de culpabilisation « ça fera des chômeurs en plus. » Hé bien, oui, libraires, découvrez le

chômage ! Ce fut notre quotidien si longtemps, nous qui avons dû errer du travail alimentaire au Rmi, en passant par les fins de droits, pour finalement arriver au Rsa, car nos livres ne se vendaient pas.

J'ai raconté dans « *viré, viré, viré, même viré du rmi* », mon parcours lotois.

Alors vive les nouveaux libraires, adieux les amis des éditeurs traditionnels !

Les partenaires des libraires : les maisons traditionnelles d'édition

Grasset, Fayard, Mille et une nuits, Stock, Lattès, Marabout, Mazarine, Pauvert, Le Masque, Calmann-Lévy, Editions 1, Editions des deux terres, Harlequin, Hachette illustré, Hachette Jeunesse / Deux Coqs d'or, Gautier Languereau, Le Chêne, Hazan, Hachette Pratique, EPA, Hachette Tourisme (Routard, Guides Bleus...), Pika, Albert-René. Et les autres. Ces maisons constituent **Hachette Livre... premier groupe français d'édition, du groupe Lagardère**.

Un chiffre d'affaires annuel supérieur à 2 milliards d'euros.

2 273 millions d'euros en 2009.

2 165 en 2010

2 038 en 2011

Un chiffre d'affaires en baisse lente et régulière ? Surtout un effet de la variation des ventes de Stephenie Meyer qui avait boosté le chiffre d'affaire en 2009 ! Donc éviter les conclusions hâtives : tout va bien pour Hachette !

Le livre numérique : 20 % du chiffre d'affaires aux États-Unis et 10 % au Royaume-Uni.

« Un très bon niveau de profitabilité, proche de 11 %. »

Premier éditeur à avoir vendu plus de cinq millions d'e-books d'un même auteur, barre franchie pour James Patterson en décembre 2011.

Commentaire très intéressant de l'activité 2011 par Arnaud Nourry, Président-Directeur Général de Hachette Livre :
« *Un des défis principaux de l'année consistait à sauvegarder les marges dégagées par les activités numériques pour que la rentabilité globale de Hachette Livre ne souffre pas de la contraction du chiffre d'affaires induit par les prix de vente des e-books (inférieurs de 30 % en moyenne à celui de leurs équivalents imprimés), alors que ceux-ci mordaient largement sur le marché des livres traditionnels.*
Le "découplage" entre le chiffre d'affaires et les marges en numérique a été effectué avec succès. »

Avec un prix inférieur de 30% pour l'ebook par rapport à la version en papier, Hachette conserve des marges appréciées des actionnaires. Les auteurs apprécient ?

Au premier trimestre 2012 :

« *Lagardère Publishing : chiffre d'affaires de 394 M€ (+ 0,9 % en données brutes, - 0,3 % à données comparables). Stabilité de l'activité au global : le recul de l'activité en France (-3,5 %) et en Espagne (- 11,6 %) est compensé par les bonnes performances des ventes aux États-Unis (+ 2,8 %) et dans l'Illustré (+ 4,8 %). Le livre numérique poursuit sa forte progression pour atteindre 9 % des ventes de Lagardère Publishing à fin mars 2012. »*

Pour l'exercice 2011, le livre numérique représentait 6 % du chiffre d'affaires total de Lagardère Publishing.

Le même, en 2013 : « *Un des défis de 2012 était de continuer à contrôler le prix de vente public de nos e-books aux États-Unis et au Royaume-Uni de façon à protéger nos marges, malgré la pression exercée par les plates-formes de vente par Internet. Cette politique, pratiquée par tous les groupes d'édition internationaux, a été contestée par le Département américain de la Justice et par la Commission européenne, qui y ont vu une tentative d'entente sur les prix.*
Un accord à l'amiable a permis de mettre fin au contentieux.
Mais le principal défi de 2012 consistait à trouver le ou les titres susceptibles de prendre le relais de nos best-sellers internationaux de 2011, voire de la série Twilight. Le fait que J.K. Rowling, l'auteure de la saga Harry

Potter, ait choisi de faire confiance à plusieurs éditeurs de la branche du Groupe atteste de la capacité de Hachette Livre à attirer les talents les plus réputés et à les publier avec succès sur plusieurs territoires majeurs.

En 2013, Hachette Livre devra continuer à optimiser le retour sur investissement de chaque titre publié, sans renoncer à la diversité éditoriale et à la prise de risque qui sont sa marque de fabrique. »

Pour 2012, http://www.hachette.com/chiffres-cles.html résume :

14 926 nouveautés. 7 104 collaborateurs
2 077 millions d'euros de chiffre d'affaires
223 millions d'euros de résultat opérationnel.

Lagardère (versant édition) avance ! La crise, il ne la subit pas... mais tout le monde est-il satisfait de cette réussite ?

Derniers mouvements capitalistiques :
16 mars 2011 : Hachette Livre devient actionnaire à 100 % des Éditions Albert René (Astérix).

7 juillet 2011 : Acquisition d'une minorité de blocage dans Azbooka-Atticus, quatrième éditeur russe.

Derrière Hachette Livre : Editis (une partie de ce cher ex Vivendi Universal Publishing, partagé entre le groupe Lagardère et Wendel Investissement, d'un certain Ernest-Antoine

Seillière, après la chute de monsieur Jean-Marie Messier), racheté en 2008 par le groupe espagnol Planeta.

Editis : Place des éditeurs, Presses de la cité, Solar, Belfond, Hors collection, Omnibus, Le Pré aux Clercs, Acropole, Hemma, Lipokili, Langue au chat, Pocket, Pocket Jeunesse, 10/18, Fleuve noir, Kurokawa, Langues pour tous, Le Cherche midi, First-Gründ, First Interactive, Le Dragon d'or, XO/Oh! Editions, Nathan, Le Robert...
Chiffre d'affaires 2009 : 751 millions d'euros. 2010 : 753 millions. 2011 : 706 millions

En troisième position, c'est désormais Gallimard. En 2009, Gallimard avec 243 millions d'euros, pointait derrière France-Loisirs, Media Participations, Groupe Lefebvre Sarrut, Flammarion, La Marinière...
Malgré de belles marques : Gallimard bien sûr mais également Folio, La Pléiade, Denoël, Mercure de France, La Table ronde, P.O.L (87%), Joëlle Losfeld, le groupe représentait simplement un peu plus d'un dixième du secteur livres de Lagardère...

Et Flammarion (Flammarion, Arthaud, Autrement, Père Castor, Casterman, Fluide glacial...) boxait dans la même catégorie, vers 260.

Mais la barre des 500 millions d'euros est franchie pour "le Gallimard nouveau" avec le rachat, mi 2012, de Flammarion à l'italien RCS Mediagroup. Certes, il ne représente encore qu'un quart du mastodonte Hachette et surtout ses positions dans le monde anglo-saxon restent marginales.

Et s'il doit apprécier de récupérer le *goncouré* Michel Houellebecq, le nutritionniste Pierre Dukan pourra sûrement, certaines années, se présenter comme la meilleure vente du groupe Gallimard.

Alors qu'Antoine Gallimard figure dans les grandes fortunes de France, mi 2013, il annonçait chercher un nouvel actionnaire pour Madrigall, holding derrière Gallimard, qui recevrait environ 10% contre 40 millions d'euros... Ainsi Antoine Gallimard, propriétaire de 60% du holding, garderait la majorité. Hé oui, il ne faut pas confondre la cassette du patron avec l'argent dans ses affaires !

Mardi 29 octobre 2013, Antoine Gallimard annonçait une augmentation de capital de Madrigall, "sa" holding familiale : LVMH, le géant du luxe, de Bernard Arnault. 9,5 %... pour un montant non divulgué.

Antoine Gallimard (et ses filles) reste ainsi propriétaire de 50 % du capital de Madrigall.

Avec sa soeur Isabelle Gallimard (elle dirige

Le Mercure de France) et Muriel Toso (héritière d'associés "historiques"), ce sont les trois quarts du capital de la holding familiale.

Selon les chiffres communiqués à l'occasion, Madrigall, troisième groupe d'édition français, pèserait 421 millions d'euros... et a financé la reprise de Flammarion également avec un crédit de 185 millions d'euros (chez BNP Paribas et Natixis), à rembourser sur cinq ans...
La rentabilité sera donc un mot d'ordre dans ces maisons ! Droits d'auteurs ?

« *Les maisons d'édition du groupe Madrigall représentent un patrimoine littéraire et historique d'une qualité exceptionnelle. Je suis heureux qu'Antoine Gallimard ait choisi d'associer LVMH à l'avenir de son groupe. Nous partageons la même vision du développement de nos maisons, fondée sur leur histoire prestigieuse, leur caractère familial et le talent des équipes qui les animent* » a déclaré Bernard Arnault. Des écrivains sont inquiets ?

Derrière ce trio : France Loisirs, principal club de livres en France, jusqu'en mai 2011 filiale de l'allemand Bertelsmann, racheté par la société d'investissement américaine Najafi : 370 millions d'euros en 2009. 2010 : 365 millions.

Media Participations, leader dans la bande dessinée (Dargaud, Dupuis ou Kana) : 319 millions. 2010 : 327 millions.

Groupe Lefebvre Sarrut, Editions Législatives Francis Lefebvre, Dalloz, Juris Associations : 314 millions en 2009.

La Martinière 260 en 2009. 2010 : 284.

De la même manière que dans la musique, les majors avaient méthodiquement absorbé les labels indépendants pour parvenir à un paysage monolithique avec quatre grandes écuries aux productions proches, le monde de l'édition a connu sa concentration et ses batailles capitalistiques. Le paysage d'avant tsunami numérique n'a pas grand-chose à voir avec l'exception culturelle tant glorifiée.

La concentration des maisons d'édition, à la recherche d'une rentabilité toujours plus forte, ne représente pas un danger pour la diversité des catalogues ?

La vente sur internet des livres en papier

Depuis la marginalisation d'Alapage (avant sa "disparition"), un duopole règne sur la vente des livres en papier : la Fnac et Amazon. Le premier, accoudé à ses magasins présents sur l'ensemble du territoire, semble d'ailleurs nettement privilégier le papier, même après son partenariat avec Kobo, la vente du *Kobo by Fnac*.

Vendre du livre en papier sur la Fnac, nécessite d'être référencé par leur centrale d'achat.
Sur Amazon, tout vendeur réglant un forfait mensuel peut ajouter de nouvelles références. J'y fus donc inscrit en vendeur « de base », avec en uniques frais une commission sur les ventes, ce qui limita mon catalogue à quelques bouquins en papier... mais depuis octobre 2013 CreateSpace transforme la situation.

L'avenir se fera avec CreateSpace, l'impression à la demande d'Amazon, disponible en France depuis le 17 mai 2012... mais avec un site sans traduction française et des formalités complexes : pour les non américains, un numéro d'identification fiscale (NIF) est nécessaire, soit un numéro EIN (pour les particuliers et les entreprises ;

l'auteur-éditeur à jour légalement est une entreprise) soit un ITIN (pour les particuliers uniquement).

Un EIN peut être obtenu en déposant le formulaire IRS SS-4... plutôt complexe pour un auteur dont l'anglais reste limité...

Pour les particuliers, un ITIN s'obtient en déposant le formulaire W-7, demande de numéro d'identification du contribuable IRS individuel.

Ayant réussi à décortiquer la complexité, j'ai publié pour les auteurs dans le même cas *"CreateSpace : Livres en papier disponibles sur Amazon planète, citoyen français de France avec numéro EIN"* (Stéphane Ternoise)

Regards sur l'avenir de la librairie... en 2007

Il s'agit d'un article "naturellement" refusé en 2007 par *Le Monde*, versant *Le Monde des livres*.

Internet et le livre numérique : chances des écrivains

Tant que des médias de référence continueront à ouvrir leurs colonnes à leurs inféodés, les libraires pourront tranquillement se prévaloir d'un rôle essentiel pour l'édition en France. Et ainsi exiger des subventions, absorber une bonne quantité des aides au nom de leur sacro-sainte défense de la Culture, subventions naturellement plus efficaces pour l'Art que si elles étaient versées aux écrivains.

Jérôme Vidal (Le Monde des Livres, 16 février 2007) se place dans cette perspective : tout en reconnaissant « *la politique d'aide à la librairie de l'Etat, fondée sur une économie livre vouée à disparaître* », il n'invite nullement à rediriger vers les créateurs cet argent public mais « *à aider les libraires à entrer dans l'âge numérique.* »

Moins d'un mois plus tard (9 mars), c'est une forme de continuité qu'offre le même supplément, à Baptiste-Marrey, officiellement écrivain, avec un titre auquel je répondrais un énorme OUI, « *le livre peut-il se passer de libraires ?* » Ce n'est naturellement pas la position du chroniqueur.

La réflexion juste n'est pas absente : « *en contrôlant la distribution, on est inévitablement amené à contrôler la production, comme le montrent les grandes surfaces* » ou « *les grands groupes éditoriaux publient, distribuent, vendent et font commenter favorablement les titres qu'ils produisent* ».

En exergue, un postulat erroné « *dans notre société, toute la vie culturelle est subventionnée (cinéma, télévision, radio, théâtre, danse, musique, arts plastiques) ; seuls les libraires vivent de littérature et d'eau fraîche.* »

Il l'ignore sûrement mais des créateurs refusent toute subvention, par certitude des effets nocifs : la subvention contrôle le créateur, l'oriente (il doit présenter un passé conforme et s'engager dans un avenir tracé) et l'oblige à côtoyer des « administratifs » (cruelle perte de temps) ; plutôt vivre pauvrement ! C'est le prix de l'indépendance.

Quant à l'eau fraîche : « *un million d'euros par an est alloué depuis 2003 par l'Etat aux commerces de proximité proposant des biens culturels* » (Le Monde du 12 mars). Auxquels il convient d'ajouter les aides du Centre National du Livre, de l'Association Pour le Développement de la Librairie de Création, des Directions Régionales des Affaires Culturelles et Conseils Régionaux.

Sa solution : argent public ! Encore plus d'argent public donc ! Subventions de l'Etat et tarif postal privilégié. Pas pour les éditeurs mais pour les libraires !

Une analyse sémantique confirme le rôle secondaire de l'écrivain dans cette propagande : en cinq colonnes, 23 fois le terme livre(s), 11 librairie(s), 5 libraire(s) et zéro pour écrivain. Mais « auteur » est présent. Une fois. Dans une phrase au moins apocryphe, sur la relation au net.

Baptiste-Marrey en a une vision certes étriquée « *internet enfin permet l'accès au livre que l'acheteur sait vouloir acquérir, mais ne permet pas de découvrir l'auteur ou le livre inconnu vu par hasard et tenu en mains propres chez le libraire.* » Deux contrevérités dans une seule phrase. Comme si l'auteur indépendant pouvait se retrouver visible chez les libraires... alors qu'il peut l'être avec un très faible investissement sur le web.

La question fondamentale : si les collectivités ont de nombreuses subventions culturelles à distribuer : est-il plus décent que libraires ou écrivains vivent du travail des écrivains ? Qui rapprochera le nombre d'écrivains vraiment professionnels (sans « ménages » à côté) et celui du nombre de libraires, certes prompts à se plaindre mais financièrement privilégiés ? Que faire face au systématisme de leur propagande ? Créer des sites.

Oui, internet bouleversera en profondeur le monde du livre.

Même les sommités encore récemment sarcastiques pérorent désormais dans ce sens. Mais s'il s'agit de simplement remplacer des librairies en centre-ville et des grandes surfaces par des librairies virtuelles genre amazon, alapage, fnac ou sites émanations de « grandes librairies », l'immense espoir suscité par cet univers numérique accoucherait d'un simple changement de marchands !

La véritable interrogation : internet peut-il réellement changer la vie des écrivains ? Mettre l'écrivain au centre ? Lui ôter ses parasites ?

Oui à la disparition des libraires, non à leur remplacement par des marchands poussés par la même voracité (que le support soit le livre papier ou numérique, la seule différence pour le créateur est la suppression d'un façonneur, l'imprimeur, différence quantifiable : environ 10% du prix de vente actuellement ; le livre papier s'effacera quand son équivalent numérique sera plus pratique, tout simplement, comme se sont éclipsés les supports précédents). Utopie ?

Certes, nous prenons tout droit la direction d'une reconduite sur internet des marges pratiquées dans « le monde réel ».
La majorité des écrivains et même des éditeurs sont formels : il ne peut en être autrement ! Personne ne doit voir les initiatives du « commerce équitable du livre », sites où les éditeurs peuvent vendre directement, sans la moindre marge à laisser.
En ôtant les frais bancaires, d'envoi, d'imprimeur, TVA, il reste près de 75 % du prix du livre pour l'éditeur et l'auteur. En version numérique 80,4 % (mais un jour la TVA du livre numérique passera également à 5,5%, quand « vive le livre numérique » sera le refrain préféré des écrivains) moins la marge du système de paiement en ligne (le chèque sans frais existe toujours mais il nécessite un timbre de l'acheteur).
Impossible ? « On » vous le fait croire... Tellement d'intérêts en jeu !

Les internautes ignorent d'ailleurs le plus souvent que 28 à 40 % du prix d'un livre reste chez le libraire (en ville ou virtuel), quand 10 % s'est déjà évaporé chez le distributeur (intermédiaire entre l'éditeur et le libraire). Internet peut donc permettre aux créateurs de se réapproprier cette somme. C'est là le véritable défi du numérique. Quant à l'argent des collectivités, pour l'instant il constitue une « concurrence déloyale » pour les initiatives des webmasters indépendants. Combat perdu d'avance ? Il suffirait d'une prise de conscience, de l'implication de quelques auteurs, de quelques éditeurs, l'ouverture des colonnes de quelques médias...

Stéphane Ternoise

Stéphane Ternoise est né en 1968. Il publie depuis 1991. Il est depuis son premier livre éditeur indépendant. Thomas de Terneuve est un pseudonyme créé en juillet 2012.

Dès 2004, il a proposé des livres numériques, en PDF. Mais c'est en 2011 seulement que les ventes dématérialisées ont démarré. Son catalogue numérique (depuis mi 2011 distribué par Immateriel) a ainsi rapidement dépassé celui du papier, grâce à des essais, des livres de photos... tout en continuant la lente écriture dans les domaines du théâtre et du roman. Depuis octobre 2013, et son « identifiant fiscal aux États-Unis », son catalogue papier tend à rattraper celui en pixels.
http://www.livrepapier.com ou
http://www.livrepixels.com

Il convient donc de nouveau d'aborder l'auteur sous le biais de l'œuvre. Ainsi, pour vous y retrouver, http://www.ecrivain.pro essaye de fournir une vue globale. Et chaque domaine bénéficie de sites au nom approprié :
http://www.romancier.net
http://www.dramaturge.net
http://www.essayiste.net

http://www.lotois.fr

Vous pouvez légitimement vous demander pourquoi un auteur avec un tel catalogue ne bénéficie d'aucune visibilité dans les médias traditionnels. L'écriture est une chose, se faire des amis utiles une autre !

Catalogue (le plus souvent en papier et numérique, parfois uniquement les pixels, le travail de mise en page papier demandant plus de temps que d'heures disponibles)

Romans : (http://www.romancier.net)
Ils ne sont pas intervenus (le livre des conséquences) également en version numérique sous le titre Peut-être un roman autobiographique
La Faute à Souchon ? également en version numérique sous le titre **Le roman du show-biz et de la sagesse** *(Même les dolmens se brisent)*
Liberté, j'ignorais tant de Toi également en version numérique sous le titre Libertés d'avant l'an 2000)
Viré, viré, viré, même viré du Rmi
Quand les familles sans toit sont entrées dans les maisons fermées

Théâtre : (http://www.theatre.wf)
Théâtre peut-être complet
La baguette magique et les philosophes
Quatre ou cinq femmes attendent la star

Avant les élections présidentielles
Les secrets de maître Pierre, notaire de campagne
Deux sœurs et un contrôle fiscal
Ça magouille aux assurances

Pourquoi est-il venu ?
Amour, sud et chansons
Blaise Pascal serait webmaster
Aventures d'écrivains régionaux
Trois femmes et un amour
La fille aux 200 doudous et autres pièces de théâtre pour enfants
« Révélations » sur « les apparitions d'Astaffort » Jacques Brel / Francis Cabrel (les secrets de la grotte Mariette)
Théâtre 7 femmes 7 comédiennes - Deux pièces contemporaines
Théâtre pour femmes
Pièces de théâtre pour 8 femmes
Onze femmes et la star

Photos : (http://www.france.wf)
Montcuq, le village lotois
Cahors, des pierres et des hommes. Photos et commentaires
Limogne-en-Quercy Calvignac la route des dolmens et gariottes
Saint-Cirq-Lapopie, le plus beau village de France ?
Saillac village du Lot
Limogne-en-Quercy cinq monuments historiques cinq dolmens
Beauregard, Dolmens Gariottes Château de Marsa et autres merveilles lotoises
Villeneuve-sur-Lot, des monuments historiques, un salon du livre... - Photos, histoires et opinions

47

Henri Martin du musée Henri-Martin de Cahors - Avec visite de Labastide-du-Vert et Saint-Cirq-Lapopie sur les traces du peintre
L'église romane de Rouillac à Montcuq et sa voisine oubliée, à découvrir - Les fresques de Rouillac, Touffailles et Saint-Félix

Livres d'artiste (http://www.quercy.pro)
Quercy : l'harmonie du hasard - Livre d'artiste 100% numérique

Essais : (http://www.essayiste.net)
Le manifeste de l'auto-édition - Manifeste politico-littéraire pour la reconnaissance des écrivains indépendants et une saine concurrence entre les différentes formes d'édition
Écrivains, réveillez-vous ? - La loi 2012-287 du 1er mars 2012 et autres somnifères
Le livre numérique, fils de l'auto-édition
Aurélie Filippetti, Antoine Gallimard et les subventions contre l'auto-édition - Les coulisses de l'édition française révélées aux lectrices, lecteurs et jeunes écrivains
Le guide de l'auto-édition numérique en France
(Publier et vendre des ebooks en autopublication)
Réponses à monsieur Frédéric Beigbeder au sujet du Livre Numérique (Écrivains= moutons tondus ?)

Comment devenir écrivain ? Être écrivain ?
(Écrire est-ce un vrai métier ? Une vocation ?
Quelle formation ?...)
Amour - état du sentiment et perspectives

Ebook de l'Amour
Copie privée, droit de prêt en bibliothèque :
vous payez, nous ne touchons pas un centime
- Quand la France organise la marginalisation
des écrivains indépendants

Chansons : (http://www.parolier.info)
Chansons trop éloignées des normes
industrielles
Chansons vertes et autres textes engagés
Chansons d'avant l'an 2000
Parodies de chansons
De Renaud à Cabrel En passant par Cloclo et
Jacques Brel

En chti : (http://www.chti.es)
Canchons et cafougnettes (Ternoise chti)
Elle tiote aux deux chints doudous (théâtre)

Politique : (http://www.commentaire.info)
Ce François Hollande qui peut encore gagner
le 6 mai 2012 ne le mérite pas (Un Parti
Socialiste non réformé au pays du
quinquennat déplorable de Nicolas Sarkozy)
Nicolas Sarkozy : sketchs et Parodies de
chansons

Bernadette et Jacques Chirac vus du Lot - Chansons théâtre textes lotois
Affaire Ségolène Royal - Olivier Falorni Ce qu'il faut en retenir pour l'Histoire - Un écrivain engagé, un observateur indépendant
François Fillon, persuadé qu'il aurait battu François Hollande en 2012, qu'il le battra en 2017 (?)

Notre vie (http://www.morts.info)
La trahison des morts : les concessions à perpétuité discrètement récupérées - Cahors, à l'ombre des remparts médiévaux, les vieux morts doivent laisser la place aux jeunes...
Cahors : Adèle et Marie Borie contre Jean-Marc Vayssouze-Faure - Appel à une mobilisation locale et nationale pour sauver les soeurs Borie...

Jeux de société
http://www.lejeudespistescyclables.com
La France des pistes cyclables - Fabriquer un jeu de société pour enfants de 8 à 108 ans

Autres :
La disparition du père Noël et autres contes
J'écris aussi des sketchs
Vive les poules municipales... et les poulets municipaux - Réduire le volume des déchets alimentaires et manger des oeufs de qualité

Œuvres traduites :

La fille aux 200 doudous :
- *The Teddy (Bear) Whisperer* (Kate-Marie Glover) - Das Mädchen mit den 200 Schmusetieren (Jeanne Meurtin)

- Le lion l'autruche et le renard :
- How the fox got his cunning (Kate-Marie Glover)

- Mertilou prépare l'été :
- The Blackbird's Secret (Kate-Marie Glover)

- *La fille aux 200 doudous et autres pièces de théâtre pour enfants (les 6 pièces)*
- La niña de los 200 peluches y otras obras de teatro para niños (María del Carmen Pulido Cortijo)

Fargues

Table

Mentions légales

Site officiel : http://www.ecrivain.pro

Edition revue et actualisée en janvier 2014.

Dépôt légal à la publication au format ebook du 19 novembre 2012.

Imprimé par CreateSpace, An Amazon.com Company pour le compte de l'auteur-éditeur indépendant. **livrepapier.com depuis janvier 2014.**

ISBN 978-2-36541-502-6
EAN 9782365415026

Le livre en papier : 25 000 points de vente inaccessibles aux auteurs indépendants. Un système à soutenir ? - La librairie en France vue par un écrivain indépendant de Thomas de Terneuve